漢字《かんじ》マスターのシール

ゴールシール

ハイパワー
アイテムシール

つかおうシール

1年《ねん》生《せい》達《たっ》成《せい》表《ひょう》
漢字《かんじ》マスターへの道《みち》

れんしゅうが おわった かんじの ところに
シールを はろう!
さあ、ゴールを めざせ～!

START スタート	一	右	雨	円	王	音	下	火
	→	→	→	ハイパワー → アイテム	→	→	→	ハイパワー ↓ アイテム
空	金	玉	休	九	気	学	貝	花
↓	ハイパワー ← アイテム	←	←	←	←	←	←	←
月	犬	見	五	口	校	左	三	山
→	→	→	→	→	→	ハイパワー → アイテム	→	↓
十	手	車	七	耳	字	糸	四	子
↓	←	←	ハイパワー ← アイテム	←	←	←	←	←
出	女	小	上	森	人	水	正	生
→	→	→	→	ハイパワー → アイテム	→	→	→	↓
草	早	先	川	千	赤	石	夕	青
↓	←	←	←	←	ハイパワー ← アイテム	←	←	←
足	村	大	男	竹	中	虫	町	天
→	→	ハイパワー → アイテム	→	→	→	→	→	↓
百	八	白	年	入	日	二	土	田
↓	←	←	←	←	←	←	ハイパワー ← アイテム	←
文	木	本	名	目	立	力	林	六
ハイパワー → アイテム	→	→	→	→	→	→	→	↓

GOAL
ゴール

このドリルの特長と使い方

このドリルは、「小学漢字《しょうがくかんじ》一〇二六字の正《ただ》しい書《か》き方《かた》　四訂版《よんていばん》」で扱《あつか》った一年生《いちねんせい》で学《まな》ぶ漢字を「正しく」書けるようになることを目的《もくてき》としています。

1ページをおえたら達成表《たっせいひょう》にシールをはろう!

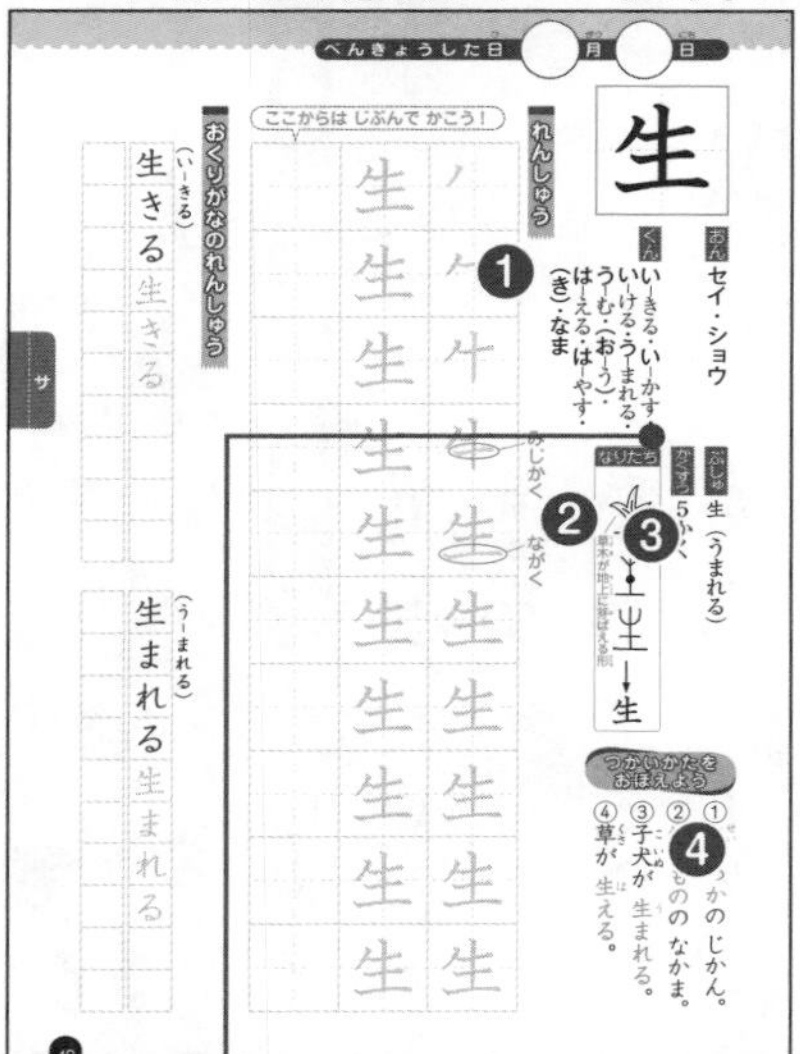

❶ **書き順《じゅん》は省略《しょうりゃく》せず**にすべて書いてあるので、正しい書き順で漢字を書けるようになります。赤色《あかいろ》の画《かく》をなぞって覚《おぼ》えましょう。

❷ 教科書《きょうかしょ》の字体《じたい》を手本《てほん》としたときの**書き方のポイント**が書いてあるので、正しい書き方を学ぶことができます。

❸ **成《な》り立《た》ち**や**意味《いみ》**がくわしく載《の》っています。おうちの人《ひと》といっしょに読《よ》みましょう。内容《ないよう》は「旺《おう》文社漢字典第三版《ぶんしゃかんじてんだいさんばん》」を参考《さんこう》にしています。

❹ **例文《れいぶん》**を載せることで、その**漢字の使い方**がわかるようになります。

（　）は中学校以上で習う読み、――は特別な読み、訓読みの「-」の下は送りがなです。部首の分類や名前は辞書によって異なることがあります。

もくじ

編集／上原英　編集協力／有限会社マイプラン 湯川善之・藤江美香　校正／有限会社編集室ビーライン
装丁デザイン／株式会社ウエイド 木下春圭　装丁イラスト／入江久絵　シールイラスト／北田哲也　本文デザイン／ブラン・グラフ 大滝奈緒子　本文イラスト／南澤孝男

音《おん》くんさくいん

●この本《ほん》にのっているかん字《じ》のよみかたを五十音《ごじゅうおん》じゅんにならべました。
●カタカナは音《おん》よみ、ひらがなはくんよみです。
●「―」の下《した》の字《じ》はおくりがなです。
●かん字《じ》の下《した》のすう字《じ》が、そのかん字《じ》ののっているページです。

一

おん　イチ・イツ

くん　ひと・ひと-つ

ぶしゅ　一（いち）

かくすう　1かく

なりたち

一

横線《よこせん》一本《いっぽん》で、「ひとつ」を表《あらわ》した字《じ》。

つかいかたをおぼえよう

①たのしい一日《いちにち》。
②一《いっ》ぷん目《め》を とじる。
③一口《ひとくち》で たべる。
④りんごが一《ひと》つ。

れんしゅう

はじめと おわりを しっかりと

ここからは じぶんで かこう！

一　一
一　一
一　一
一　一
一　一
一　一
一　一
一　一
一　一

おくりがなのれんしゅう

一つ（ひと-つ）

一つ

右

おん　ウ・ユウ

くん　みぎ

ぶしゅ　口（くち）

かくすう　5かく

ちゅういてん

書《か》き順《じゅん》に注意《ちゅうい》。「右《みぎ》」は上《うえ》から左下《ひだりした》へのはらいを一画目《いっかくめ》に書《か》く。「左《ひだり》」の書《か》き順《じゅん》と区別《くべつ》する。

つかいかたをおぼえよう

①かどを 右《う》せつする。
②左右《さゆう》を よく 見《み》る。
③右《みぎ》がわを あるく。
④右手《みぎて》を あげる。

れんしゅう

あまり ながく しない

ここからは じぶんで かこう！

ノ ナ 右 右 右 右 右 右 右 右

右 右 右 右 右 右 右 右 右 右

雨

おん　ウ

くん　あめ・あま

ぶしゅ　雨（あめ）

かくすう　8かく

なりたち

雲《くも》でおおわれた天《てん》からしずくが落《お》ちる様子《ようす》からできた字《じ》。

れんしゅう

はねる

てんの むきに ちゅうい

ここからは じぶんで かこう！

つかいかたを おぼえよう

① 雨天《うてん》中《ちゅう》し。

② 雨《あめ》が ふる。

③ 大雨《おおあめ》に そなえる。

④ 雨《あま》がさを さす。

円

おん エン
くん まる-い

ぶしゅ 冂（けいがまえ・まきがまえ）
かくすう 4かく
なりたち もとの字《じ》は「圓」。囲《かこ》む意味《いみ》の「口」とまるい意味《いみ》の「員」とで、まるい囲《かこ》いを表《あらわ》す。

つかいかたをおぼえよう

①一円玉《いちえんだま》
②空《そら》とぶ 円《えん》ばん。
③百円《ひゃくえん》の おかし。
④円《まる》い テーブル。

れんしゅう

はねる
つき出《だ》さない

ここからは じぶんで かこう！

おくりがなのれんしゅう

円い（まる-い）

王

おん　オウ

くん　―

ぶしゅ　玉（たま）

かくすう　4かく

なりたち

つかいかたを おぼえよう

①王《おう》さまの いす。

②うまに のった 王子《おうじ》。

③王《おう》こくに すむ。

④はつめい王《おう》 エジソン。

れんしゅう

つき出《だ》さない

上《うえ》の 二本《にほん》より やや ながめに

ここからは じぶんで かこう！

音

おん　オン・（イン）

くん　おと・ね

れんしゅう

まっすぐ下《した》につける

ここからは じぶんで かこう！

ぶしゅ　音（おと）

かくすう　9かく

ちゅういてん
書《か》くときは、「立」と「日」の大《おお》きさに注意《ちゅうい》する。

つかいかたをおぼえよう

①音《おん》がくの じかん。
②たかい 音《おと》を 出《だ》す。
③ふしぎな 音《おと》が する。
④ギターの 音《ね》いろ。

下

おん
カ・ゲ

くん
した・しも・(もと)・さ-げる・さ-がる・くだ-る・くだ-さる・くだ-す・お-ろす・お-りる

ぶしゅ
一（いち）

かくすう
3かく

なりたち
基準《きじゅん》を示《しめ》す横線《よこせん》の下《した》に短《みじか》い横線《よこせん》を加《くわ》え、「した」の意味《いみ》を表《あらわ》す。

つかいかたを おぼえよう

①ながい　ろう下《か》。
②やねの　下《した》で　まつ。
③かいだんを　下《お》りる。
④おんどが　下《さ》がる。

れんしゅう

とめる
とめる

ここからは じぶんで かこう！

一　下　下　下　下　下　下　下　下　下
下　下　下　下　下　下　下　下　下

おくりがなのれんしゅう

（さ-がる）
下がる　下がる

（お-りる）
下りる　下りる

火

おん　カ

くん　ひ・(ほ)

ぶしゅ　火（ひ）

かくすう　4かく

なりたち

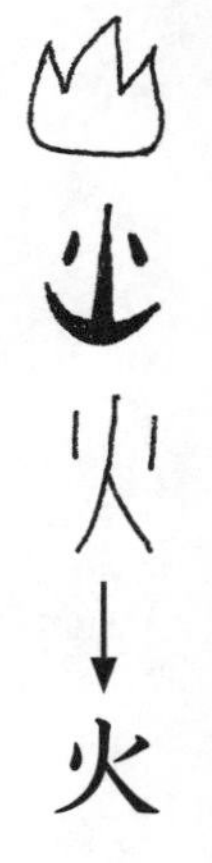

れんしゅう

ここからは じぶんで かこう！

てんに 人を くっつけないように

つかいかたを おぼえよう

① 火《か》よう日《び》

② 火《か》じを ふせぐ。

③ 火《ひ》を おこす。

④ 花《はな》火《び》を 見《み》る。

花

おん　カ

くん　はな

ぶしゅ　艹（くさかんむり）

かくすう　7かく

なりたち

＋

化 美《うつく》しい

＝

花

つかいかたを おぼえよう

①きれいな 花《か》びん。

②花《はな》の たね。

③花《はな》を うえる。

④花《はな》たばを かう。

れんしゅう

ここからは じぶんで かこう！

上《うえ》に はねる

貝

おん　―

くん　かい

ぶしゅ　貝（かい）

かくすう　7かく

なりたち

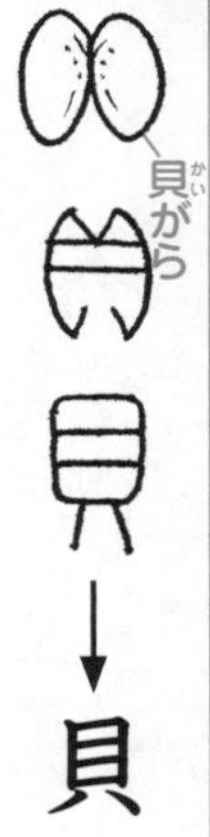

れんしゅう

ここからは じぶんで かこう！

とめる

つかいかたを おぼえよう

①ほたての 貝《かい》ばしら。

②貝《かい》を たべる。

③貝《かい》がらの くびかざり。

④まき貝《がい》を ひろう。

学

おん　ガク

くん　まな-ぶ

ぶしゅ　子（こ）

かくすう　8かく

ちゅういてん

書《か》き順《じゅん》と形《かたち》に注意《ちゅうい》。「⺍」は「⺍」とならないように。左《ひだり》から右《みぎ》へ順《じゅん》に書《か》く。

つかいかたをおぼえよう

①かん字《じ》の 学《がく》しゅう。

②入学《にゅうがく》 おめでとう。

③小学校《しょうがっこう》へ いく。

④さんすうを 学《まな》ぶ。

れんしゅう

ここからは じぶんで かこう！

せんの むきに ちゅうい。⺍と しない

あまり みじかく しない

おくりがなのれんしゅう

（まなーぶ）

学ぶ

学ぶ

気

おん　キ・ケ

くん　―

ぶしゅ　气（きがまえ）

かくすう　6かく

なりたち

もとの字《じ》は「氣」。「米」と、立《た》ち上《のぼ》る湯気《ゆげ》を表《あらわ》す「气」を合《あ》わせた字《じ》。米《こめ》をたくときの湯気《ゆげ》の意味《いみ》を表《あらわ》す。

つかいかたをおぼえよう

① うれしい 気《き》もち。

② 気《き》を つける。

③ げん気《き》な あいさつ。

④ 気《け》はいを かんじる。

れんしゅう

とめる

ここからは じぶんで かこう！

九

おん　キュウ・ク

くん　ここの・ここの-つ

ぶしゅ　乙（おつ）

かくすう　2かく

なりたち

つかいかたを おぼえよう

①えんぴつ 九本《きゅうほん》。
②九《きゅう》かいだての ビル。
③あめ玉《だま》 九《ここの》つ。
④九月九日《くがつここのか》

れんしゅう

しとしない。かどを つけずに まげて 上《うえ》に はねる

ここからは じぶんで かこう！

九 九 九 九 九 九 九 九 九 九
九 九 九 九 九 九 九 九 九 九

おくりがなのれんしゅう

（ここの-つ）

九つ　九つ

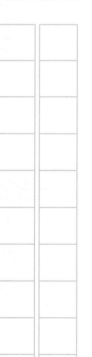

休

おん　キュウ

くん　やす-む・やす-まる・やす-める

ぶしゅ　イ（にんべん）

かくすう　6かく

ちゅういてん
「体」と形《かたち》が似《に》ているので注意《ちゅうい》する。

つかいかたを おぼえよう

①休《きゅう》けいを とる。
②たのしい なつ休《やす》み。
③木《き》の 下《した》で 休《やす》む。
④からだを 休《やす》める。

れんしゅう

ノ　イ　仁　什　休　休　休　休　休　休

とめる

休　休　休　休　休　休　休　休　休　休

ここからは じぶんで かこう！

おくりがなのれんしゅう

（やす-む）
休む　休む

（やす-める）
休める　休める

玉

おん　ギョク

くん　たま

ぶしゅ　玉（たま）

かくすう　5かく

ちゅういてん
書《か》き方《かた》に注意《ちゅうい》。「、」を打《う》つ場所《ばしょ》をまちがえないようにする。

れんしゅう

一　T　干　王　玉　玉　玉　玉　玉　玉

玉　玉　玉　玉　玉　玉　玉　玉　玉　玉

やや ながく

てんの むき、いちに ちゅうい

ここからは じぶんで かこう！

つかいかたを おぼえよう

① 玉《たま》を ころがす。

② くす玉《だま》を わる。

③ 水玉《みずたま》もようの かさ。

④ 白玉《しらたま》だんご

金

おん　キン・コン

くん　かね・かな

ぶしゅ　金（かね）

かくすう　8かく

いみ
土《つち》の中《なか》にふくまれている黄金《おうごん》、「きん」の意味《いみ》を表《あらわ》し、金属《きんぞく》、「かね」の意味《いみ》に用《もち》いる。

つかいかたを おぼえよう

①金《きん》よう日《び》

②お年玉《としだま》を ちょ金《きん》する。

③お金《かね》を もらう。

④金《かな》づちで たたく。

れんしゅう

つける

つき出《だ》さない

ここからは じぶんで かこう！

空

おん　クウ

くん　そら・あ-く・あ-ける・から

ぶしゅ　穴（あなかんむり）

かくすう　8かく

なりたち
「穴」と、つき通《とお》した穴《あな》の意味《いみ》と音《おん》を表《あらわ》す「工」で、「から」、「むなしい」、そこから「そら」の意味《いみ》を表《あらわ》す。

つかいかたを おぼえよう

①空気《くうき》の 入《い》れかえ。
②空《そら》に くもが うかぶ。
③バスの せきが 空《あ》く。
④びんを 空《から》に する。

れんしゅう

まっすぐ下《した》に つける

まげて とめる

ここからは じぶんで かこう！

空 空 空 空 空 空 空 空 空 空

おくりがなのれんしゅう

空く（あ-く）

空ける（あ-ける）

月

おん　ゲツ・ガツ

くん　つき

ぶしゅ　月（つき）

かくすう　4かく

なりたち

れんしゅう

かるく はらう

はねる

ここからは じぶんで かこう！

つかいかたをおぼえよう

①月《げつ》よう日《び》

②まん月《げつ》を 見《み》る。

③お正月《しょうがつ》の じゅんび。

④まんまるの お月《つき》さま。

カ

犬

おん　ケン
くん　いぬ

れんしゅう

一　ナ　大　犬

てんの いちに ちゅうい

ここからは じぶんで かこう！

ぶしゅ　犬（いぬ）

かくすう　4かく

なりたち

→犬

しっぽを立《た》てて、口《くち》を開《ひら》いてほえる動物《どうぶつ》を立《た》てた形《かたち》

つかいかたを おぼえよう

① ばん犬《けん》が ほえる。
② 犬《いぬ》を かう。
③ 小《ちい》さい 子犬《こいぬ》。
④ 犬《いぬ》小《ご》やを つくる。

見

おん ケン

くん み-る・み-える・み-せる

ぶしゅ 見（みる）

かくすう 7かく

なりたち

↓

見

つかいかたを おぼえよう

① い見《けん》を きく。

② とおくを 見《み》る。

③ にじが 見《み》える。

④ しゃしんを 見《み》せる。

れんしゅう

かどを つけずに まげて 上《うえ》に はねる

ここからは じぶんで かこう！

おくりがなの れんしゅう

（み-る）

見る　見る

（み-せる）

見せる　見せる

カ

五

おん　ゴ

くん　いつ・いつ-つ

ぶしゅ　二（に）

かくすう　4かく

なりたち

両《りょう》はしの間《あいだ》で交差《こうさ》する様子《ようす》で、指《ゆび》で数《かぞ》えるときの「五《ご》」を表《あらわ》した字《じ》。

つかいかたをおぼえよう

① 五《ご》まいの おりがみ。
② 五円玉《ごえんだま》
③ 五《いつ》つの はこ。
④ 五月五日《ごがついつか》

れんしゅう

つき出《だ》さない

ななめ下《した》の ほうこうに

ここからは じぶんで かこう！

おくりがなのれんしゅう

五つ（いつ-つ）

口

おん　コウ・ク

くん　くち

ぶしゅ　口（くち）

かくすう　3かく

なりたち

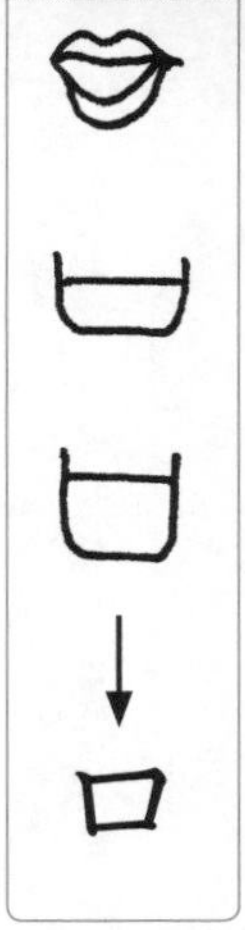

つかいかたを おぼえよう

①人口《じんこう》が おおい くに。
②やさしい 口《く》ちょう。
③口《くち》ぶえを ふく。
④出口《でぐち》は むこうだ。

れんしゅう

ま四《し》かくに しない

ここからは じぶんで かこう！

校

おん　コウ

くん　—

ぶしゅ　木（きへん）

かくすう　10かく

ちゅういてん
四画目《よんかくめ》と八画目《はちかくめ》の短《みじか》く止《と》める部分《ぶぶん》をはらわないように注意《ちゅうい》する。

れんしゅう

とめる

とめる

まっすぐ 下《した》に つける

とめる

はらう

ここからは じぶんで かこう！

つかいかたを おぼえよう

①校《こう》もんを くぐる。
②学校《がっこう》の つくえ。
③てん校生《こうせい》が くる。
④校《こう》かを うたう。

左

おん　サ

くん　ひだり

ぶしゅ　エ（こう）

かくすう　5かく

ちゅういてん

書《か》き順《じゅん》に注意《ちゅうい》。「左《ひだり》」は横棒《よこぼう》を一画目《いっかくめ》に書《か》く。「右《みぎ》」の書《か》き順《じゅん》と区別《くべつ》する。

れんしゅう

ややながめに

ここからは じぶんで かこう！

つかいかたを おぼえよう

①左右《さゆう》を かくにんする。

②左《ひだり》へ まがる。

③いもうとは 左《ひだり》ききだ。

④左《ひだり》がわつうこう

三

おん　サン

くん　み・み一つ・みっ一つ

ぶしゅ　一（いち）

かくすう　3かく

なりたち

横線三本《よこせんさんぼん》で、「みっつ」を表《あらわ》した字《じ》。

つかいかたを おぼえよう

①三《さん》りん車《しゃ》に のる。
②たまご 三《みっ》つ。
③きれいな 三日月《みかづき》。
④三月三日《さんがつみっか》

れんしゅう

やや みじかく

やや ながく

ここからは じぶんで かこう！

おくりがなのれんしゅう

三つ（み一つ）

三つ（みっ一つ）

山

おん　サン

くん　やま

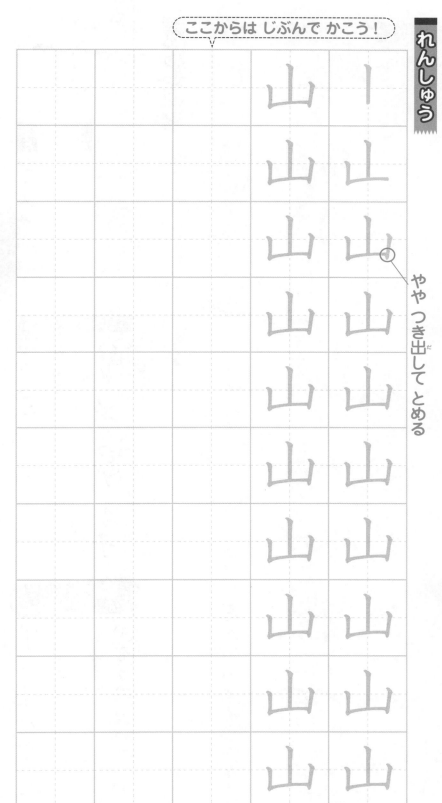

れんしゅう

ここからは じぶんで かこう！

やや つき出《だ》して とめる

ぶしゅ　山（やま）

かくすう　3かく

なりたち

つかいかたを おぼえよう

①山《さん》さいそば

②ひょう山《さん》の ペンギン。

③たかい 山《やま》に のぼる。

④山《やま》もりの ごはん。

子

おん　シ・ス

くん　こ

ぶしゅ　子（こ）

かくすう　3かく

なりたち

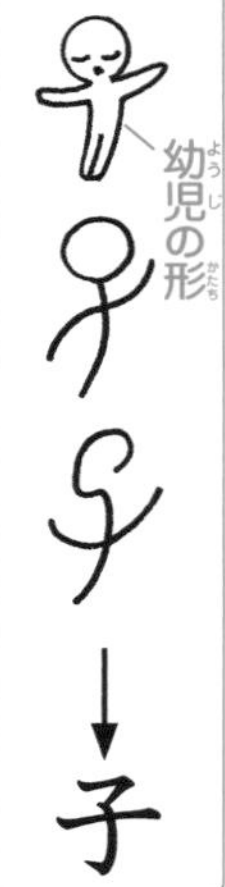

つかいかたを おぼえよう

①ちょう子《し》が わるい。

②よう子《す》を 見《み》る。

③かわいい 子《こ》ねこ。

④そうの おや子《こ》。

れんしゅう

やや まるみを もたせて はねる

ここからは じぶんで かこう！

四

おん　シ

くん　よ・よ−つ・よっ−つ・よん

ぶしゅ　囗（くにがまえ）

かくすう　5かく

ちゅういてん　下《した》につく語《ご》によって、「よ」「よっ」「よん」と、読《よ》み分《わ》けが多《おお》いので注意《ちゅうい》する。

つかいかたをおぼえよう

① 四《し》かくに おる。
② 四人《よにん》あつまる。
③ コップ 四《よん》はい。
④ 四月《しがつ》四日《よっか》

れんしゅう

かどを つけずに まげる

ここからは じぶんで かこう！

おくりがなのれんしゅう

四つ（よ−つ）
四つ

四つ（よっ−つ）
四つ

サ

糸

おん　シ
くん　いと

ぶしゅ　糸（いと）
かくすう　6かく

なりたち
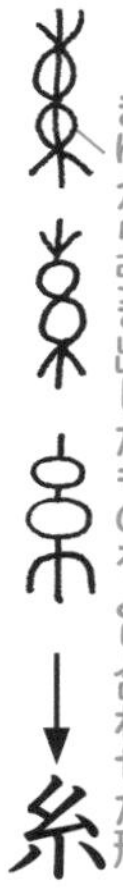
まゆから引《ひ》き出《だ》したものをより合《あ》わせた形《かたち》

つかいかたを おぼえよう
①糸《いと》を ひく なっとう。
②はりに 糸《いと》を とおす。
③赤《あか》い 糸《いと》で ぬう。
④け糸《いと》の セーター。

れんしゅう

つき出《だ》さない。 いとへん および 糸《いと》を ぶぶんに して いる ものは すべて こう なる

ここからは じぶんで かこう！

字

おんじ　ジ

くん　（あざ）

ぶしゅ　子（こ）

かくすう　6かく

ちゅういてん

「学」と形《かたち》が似《に》ているので注意《ちゅうい》する。

つかいかたを おぼえよう

① 字《じ》を かく。
② かん字《じ》の かきとり。
③ しゅう字《じ》を ならう。
④ すう字《じ》を よむ。

れんしゅう

とめる

中《なか》へ はねる

はねる

ここからは じぶんで かこう！

字 字 字 字 字 字 字 字 字 字

耳

おん （ジ）

くん みみ

ぶしゅ 耳（みみ）

かくすう 6かく

なりたち

つかいかたを おぼえよう

①耳《みみ》を ふさぐ。

②やわらかい 耳《みみ》たぶ。

③大《おお》きな 耳《みみ》かざり。

④耳《みみ》を かたむける。

れんしゅう

つき出《だ》す。ただし、みみへん および 耳《みみ》を ぶぶんに して いる ものは つき出《だ》さない

ここからは じぶんで かこう！

七

おん　シチ

くん　なな・なな-つ・なの

ぶしゅ　一（いち）

かくすう　2かく

なりたち

横線《よこせん》を中断《ちゅうだん》する様子《ようす》からできた字《じ》。

つかいかたをおぼえよう

①七五三《しちごさん》を いわう。

②七《なな》いろの にじ。

③はるの 七草《ななくさ》。

④七月七日《しちがつなのか》

れんしゅう

かどをつけずに まげて とめる

ななめ右上《みぎうえ》の ほうこうに

ここからは じぶんで かこう！

おくりがなのれんしゅう

（なな-つ）

七つ

七つ

車

おん　シャ

くん　くるま

ぶしゅ　車（くるま）

かくすう　7かく

なりたち

人《ひと》やものを乗《の》せ、馬《うま》に引《ひ》かせる二輪車《にりんしゃ》を上《うえ》から見《み》た形《かたち》

れんしゅう

ここからは じぶんで かこう！

上《うえ》の よこぼうより ながく

つかいかたを おぼえよう

①でん車《しゃ》に のる。

②でん気《き》じどう車《しゃ》

③水車《すいしゃ》が まわる。

④車《くるま》が はしる。

手

おん　シュ

くん　て・(た)

ぶしゅ　手（て）

かくすう　4かく

なりたち

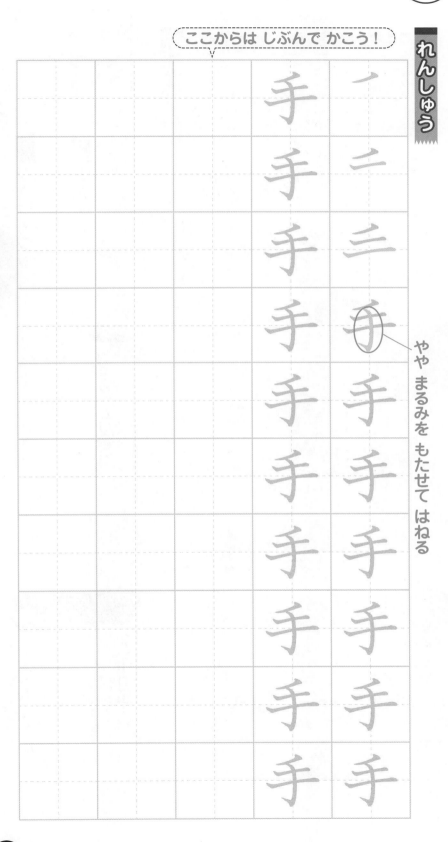

れんしゅう

やや まるみを もたせて はねる

ここからは じぶんで かこう！

つかいかたを おぼえよう

① はく手《しゅ》を する。

② やきゅうせん手《しゅ》

③ 手《て》を ひろげる。

④ 手《て》がみを かく。

サ

十

おん ジュウ・ジッ

くん とお・と

ぶしゅ 十（じゅう）

かくすう 2かく

ちゅういてん

「ジュッ」とも読《よ》む。

つかいかたを おぼえよう

① 三十円《さんじゅうえん》で かう。

② 十五《じゅうご》やの お月見《つきみ》。

③ バラ 十本《じっぽん》。

④ 十月十日《じゅうがつとおか》

れんしゅう

よこぼうの まん中《なか》に

ここからは じぶんで かこう！

出

おん　シュツ・(スイ)

くん　で-る・だ-す

ぶしゅ　凵（かんにょう・うけばこ）

かくすう　5かく

なりたち

くぼみから足《あし》がでるさま

↓

出

つかいかたを おぼえよう

①しゅくだいの てい出《しゅつ》。
②たびに 出《で》る。
③こえを 出《だ》す。
④はつ日《ひ》の出《で》

れんしゅう

丨 屮 屮 出 出 出 出 出 出 出

上《うえ》の 凵より やや 大《おお》きく

ここからは じぶんで かこう！

おくりがなのれんしゅう

（で-る）
出る　出る

（だ-す）
出す　出す

サ

女

おん ジョ・（ニョ）・（ニョウ）

くん おんな・（め）

ぶしゅ 女（おんな）

かくすう 3かく

なりたち

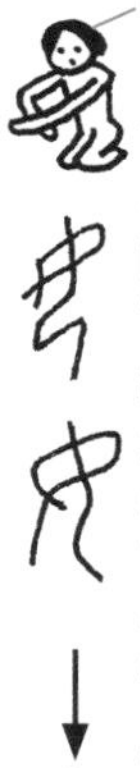

ひざまずいて両手《りょうて》を組《く》み合《あ》わせた女性《じょせい》の姿《すがた》

女

れんしゅう

ややつき出《だ》す。おんなへん および 女《おんな》を ぶぶんに して いる ものは すべて こう なる

ここからは じぶんで かこう！

つかいかたを おぼえよう

①男子《だんし》と 女子《じょし》。

②やさしい 女《おんな》の子《こ》。

③ゆき女《おんな》の おはなし。

④女《おんな》の 先生《せんせい》。

小

おん　ショウ

くん　ちい-さい・こ・お

ぶしゅ　小（ちいさい）

かくすう　3かく

なりたち

ちいさい点《てん》を三《みっ》つ書《か》いて、「ちいさくこまかい」意味《いみ》を表《あらわ》す。

つかいかたをおぼえよう

① 小学生《しょうがくせい》に なる。

② 字《じ》を 小《ちい》さく かく。

③ 小《こ》とりが なく。

④ 小川《おがわ》が ながれる。

れんしゅう

はねる

ここからは じぶんで かこう！

おくりがなのれんしゅう

小さい（ちい-さい）

上

おん　ジョウ・（ショウ）

くん　うえ・うわ・かみ・あ-げる・あ-がる・のぼ-る・（のぼ-せる）・（のぼ-す）

ぶしゅ　一（いち）

かくすう　3かく

なりたち

二

基準《きじゅん》を示《しめ》す横線《よこせん》の上《うえ》に短《みじか》い横線《よこせん》を加《くわ》え、「うえ」の意味《いみ》を表《あらわ》す。

つかいかたを おぼえよう

① 上《じょう》きゅう生《せい》に あう。

② 上《うえ》を むく。

③ ねだんが 上《あ》がる。

④ 上《のぼ》りざか

れんしゅう

かきじゅんに ちゅうい

｜ ト

上 上 上 上 上 上 上 上 上

ここからは じぶんで かこう！

上 上 上 上 上 上 上 上 上 上

おくりがなのれんしゅう

（あ-がる）
上がる 上がる

（のぼ-る）
上る 上る

森

おん　シン

くん　もり

ぶしゅ　木（き）

かくすう　12かく

なりたち

木《き》を三《みっ》つ書《か》いて、「たくさんの木《き》が生《は》えているところ」の意味《いみ》を表《あらわ》す。

つかいかたを おぼえよう

① 森林《しんりん》を まもる。

② 森《もり》の 中《なか》を あるく。

③ くらい 森《もり》。

④ 森《もり》の どうぶつたち。

れんしゅう

ここからは じぶんで かこう！

はらう

みじかく とめる

サ

人

おん　ジン・ニン

くん　ひと

ぶしゅ　人（ひと）

かくすう　2かく

なりたち

前《まえ》かがみで立《た》っている人《ひと》を横《よこ》から見《み》た形《かたち》

つかいかたを おぼえよう

①しゅ人《じん》こうの 女《おんな》の子《こ》。

②人《にん》げんと ロボット。

③人《ひと》だすけを する。

④おもしろい 人《ひと》。

れんしゅう

そろえる

ここからは じぶんで かこう！

水

おん　スイ

くん　みず

ぶしゅ　水（みず）

かくすう　4かく

なりたち

↓
水

つかいかたを おぼえよう

①水《すい》よう日《び》

②バケツで 水《みず》を くむ。

③水《みず》あびを する。

④あたらしい 水《みず》ぎ。

れんしゅう

はねる

あける

ここからは じぶんで かこう！

水 水 水 水 水 水 水 水 水 水

サ

正

おん　セイ・ショウ

くん　ただ-しい・ただ-す・まさ

ぶしゅ　止（とめる）

かくすう　5かく

ちゅういてん
送《おく》りがなに注意《ちゅうい》。「-シイ」は「-しい」と送《おく》る。
例《れい》：「正《ただ》しい」「新《あたら》しい」「親《した》しい」

つかいかたをおぼえよう
①正《せい》ぎの みかた。
②正《しょう》めんを むく。
③正《ただ》しい こたえ。
④まちがいを 正《ただ》す。

れんしゅう

ここからは じぶんで かこう！

一　丅　下　正　正　正　正　正　正　正
正　正　正　正　正　正　正　正　正　正

㇄としない

おくりがなのれんしゅう

（ただ-しい）
正しい　正しい

（ただ-す）
正す　正す

生

おん セイ・ショウ

くん い-きる・い-かす・い-ける・う-まれる・う-む・(お-う)・は-える・は-やす・(き)・なま

ぶしゅ 生（うまれる）

かくすう 5かく

なりたち

草木《くさき》が地上《ちじょう》に芽《め》ばえる形《かたち》

つかいかたを おぼえよう

①生《せい》かつかの じかん。
②生《い》きものの なかま。
③子犬《こいぬ》が 生《う》まれる。
④草《くさ》が 生《は》える。

れんしゅう

生 生 生 生 生 生 生 生 生 生

みじかく
ながく

ここからは じぶんで かこう！

おくりがなの れんしゅう

生きる（い-きる）
生きる

生まれる（う-まれる）
生まれる

サ

青

おん　セイ・（ショウ）

くん　あお・あお-い

ぶしゅ　青（あお）

かくすう　8かく

ちゅういてん　特別《とくべつ》な読《よ》み「真《ま》っ青《さお》」に注意《ちゅうい》する。

つかいかたを おぼえよう

①立《りっ》ぱな 青年《せいねん》。

②青空《あおぞら》が ひろがる。

③青《あお》しんごうを わたる。

④青《あお》い いろがみ。

れんしゅう

一　十　主　青　青　青

やや ながめに

とめる。「月《つき》」とは ちがう

ここからは じぶんで かこう！

おくりがなの れんしゅう

青い（あお-い）

青い

夕

おん　（セキ）

くん　ゆう

ぶしゅ　夕（ゆう・ゆうべ）

かくすう　3かく

なりたち

欠《か》けた月《つき》の形《かたち》

れんしゅう

みじかく

出《だ》さない

ここからは じぶんで かこう！

つかいかたをおぼえよう

①夕日《ゆうひ》が しずむ。
②夕立《ゆうだち》に あう。
③夕《ゆう》やけ空《ぞら》を 見《み》る。
④おいしい 夕《ゆう》ごはん。

石

おん　セキ・シャク・（コク）

くん　いし

ぶしゅ　石（いし）

かくすう　5かく

なりたち

「厂（がけ）」の下《した》に小《ちい》さなかたまりが転《ころ》がっている様子《ようす》からできた字《じ》。

つかいかたをおぼえよう

①きょうりゅうの か石《せき》。

②じ石《しゃく》で あそぶ。

③小石《こいし》を ひろう。

④立《りっ》ぱな 石《いし》がき。

れんしゅう

かきはじめの いちに ちゅうい

ここからは じぶんで かこう！

赤

おん　セキ・（シャク）

くん　あか・あか-い・あか-らむ・あか-らめる

ぶしゅ　赤（あか）

かくすう　7かく

なりたち　「大」と「火」を合《あ》わせた字《じ》。燃《も》え上《あ》がる火《ひ》の色《いろ》を表《あらわ》し、「あかい」の意味《いみ》に用《もち》いる。

つかいかたをおぼえよう

①お赤《せき》はんを たく。
②赤《あか》とんぼを 見《み》る。
③赤《あか》しんごうは とまれ。
④赤《あか》い もみじ。

れんしゅう

一 十 土 赤 赤 赤 赤 赤 赤 赤

かるく はらう
はねる

ここからは じぶんで かこう！

おくりがなのれんしゅう

（あか-い）
赤い
赤い

（あか-らむ）
赤らむ
赤らむ

サ

千

おん　セン

くん　ち

ぶしゅ　十（じゅう）

かくすう　3かく

ちゅういてん
書《か》くときは、はらいの向《む》きに注意《ちゅうい》する。

つかいかたをおぼえよう

①千円《せんえん》さつを　もらう。
②千《せん》ばづるを　おる。
③千《ち》とせあめ
④千《ち》よがみを　かう。

れんしゅう

ななめ左下《ひだりした》に　はらう

ここからは　じぶんで　かこう！

川

おん　(セン)

くん　かわ

ぶしゅ　川（かわ）

かくすう　3かく

なりたち

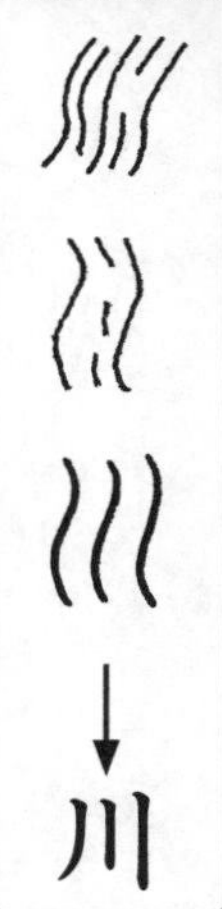

つかいかたを おぼえよう

①川《かわ》の ある 町《まち》。

②川《かわ》ぞこが 見《み》える。

③川《かわ》で およぐ。

④ながれの はやい 川《かわ》。

れんしゅう

りょうがわの ぼうより みじかめに とめる

かるく はらう

ここからは じぶんで かこう！

先

おん　セン

くん　さき

ぶしゅ　儿（にんにょう・ひとあし）

かくすう　6かく

いみ　人《ひと》の頭《あたま》の前《まえ》に足《あし》あとがある様子《ようす》から、人《ひと》に先立《さきだ》つ意味《いみ》を表《あらわ》す。

れんしゅう

しとしない。かどをつけずにまげて上《うえ》にはねる

ここからは じぶんで かこう！

つかいかたをおぼえよう

①ピアノの先生《せんせい》。

②れつの先《せん》とう。

③いき先《さき》をつたえる。

④えんぴつの先《さき》。

早

おん　ソウ・（サッ）

くん　はや-い・はや-まる・はや-める

ぶしゅ　日（ひ）

かくすう　6かく

なりたち

つかいかたをおぼえよう

①学校《がっこう》を早《そう》たいする。
②早《はや》くじゅんびする。
③早《はや》ね 早《はや》おき。
④す早《ばや》いうごき。

れんしゅう

やや下《した》すぼまりに

ここからは じぶんで かこう！

おくりがなのれんしゅう

（はや-い）
早い
早い

（はや-まる）
早まる
早まる

草

おん　ソウ

くん　くさ

れんしゅう

ここからは じぶんで かこう！

ながく

ぶしゅ　艹（くさかんむり）

かくすう　9かく

なりたち

＋

早　音《おん》「ソウ」を表《あらわ》す

＝

草

つかいかたを おぼえよう

①うしに ぼく草《そう》を やる。

②草《くさ》を ぬく。

③七草《ななくさ》がゆを たべる。

④の山《やま》の 草花《くさばな》。

足

おん　ソク

くん　あし・た-りる・た-る・た-す

ぶしゅ　足（あし）

かくすう　7かく

なりたち

つかいかたをおぼえよう

① えん足《そく》の日《ひ》。

② 足《あし》が はやい。

③ 足《あし》あとが のこる。

④ 一《ひと》つ 足《た》りない。

れんしゅう

ここからは じぶんで かこう！

ななめ右下《みぎした》に ひいて はらう

足　足　足　足　足　足　足　足　足

おくりがなのれんしゅう

（た-りる）
足りる　足りる

（た-す）
足す　足す

村

おん　ソン

くん　むら

ぶしゅ　木（きへん）

かくすう　7かく

なりたち

＋

寸　音《おん》を表《あらわ》す

＝

村

つかいかたを おぼえよう

①村《そん》ちょうの おはなし。

②とおくの 村《むら》。

③村人《むらびと》が あつまる。

④たのしい 村《むら》まつり。

れんしゅう

みじかく とめる

はねる

ここからは じぶんで かこう！

大

おん　ダイ・タイ

くん　おお・おお-きい・おお-いに

ぶしゅ　大（だい）

かくすう　3かく

なりたち

人《ひと》が両手《りょうて》両足《りょうあし》を広《ひろ》げたさま

つかいかたを おぼえよう

①大《だい》すきな おもちゃ。
②ものを 大《たい》せつに する。
③大《おお》きな みが なる。
④大《おお》どおりの ビル。

れんしゅう

おさえてから はらう

ここからは じぶんで かこう！

おくりがなの れんしゅう

（おお-きい）　大きい

（おお-いに）　大いに

男

おん　ダン・ナン

くん　おとこ

ぶしゅ　田（た）

かくすう　7かく

なりたち

「田」と「力」で、耕作《こうさく》で力《ちから》仕事《しごと》をする人《ひと》を表《あらわ》す。

れんしゅう

ここからは じぶんで かこう！

つき出《だ》す

つかいかたを おぼえよう

①男女《だんじょ》いっしょの はん。

②大《おお》きな 男《おとこ》。

③となりの 男《おとこ》の子《こ》。

④男《おとこ》と 女《おんな》。

竹

おん チク

くん たけ

ぶしゅ 竹（たけ）

かくすう 6かく

なりたち

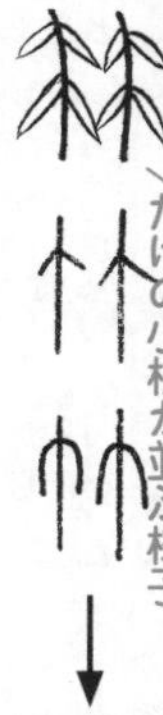

たけの小枝《こえだ》が並《なら》ぶ様子《ようす》

↓

竹

つかいかたを おぼえよう

①竹林《ちくりん》に 入《はい》る。

②竹《たけ》とんぼで あそぶ。

③竹《たけ》の子《こ》ごはん

④竹《たけ》うまに のる。

れんしゅう

とめる

はねる

ここからは じぶんで かこう！

中

おん　チュウ・ジュウ

くん　なか

ぶしゅ　丨（たてぼう・ぼう）

かくすう　4かく

なりたち

中

もののまん中《なか》をたて棒《ぼう》でつらぬいて、「なか・とちゅう」の意味《いみ》を表《あらわ》す。

れんしゅう

やや ななめうちがわに

ここからは じぶんで かこう！

つかいかたを おぼえよう

①水中《すいちゅう》めがね

②中《ちゅう》しんに 立《た》つ。

③せ中《なか》を むける。

④わの 中《なか》に 入《はい》る。

虫

おん　チュウ

くん　むし

ぶしゅ　虫（むし）

かくすう　6かく

なりたち

大《おお》きな頭《あたま》を持《も》つへびの形《かたち》

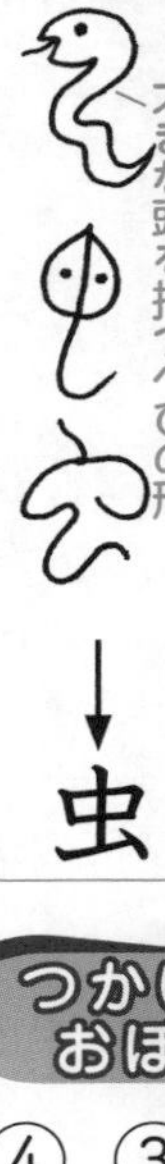

↓

虫

れんしゅう

やや ななめ上《うえ》に

とめる

ここからは じぶんで かこう！

つかいかたを おぼえよう

①こん虫《ちゅう》さいしゅう

②虫《むし》を とる。

③虫《むし》ばが いたい。

④け虫《むし》に さされる。

町

おん　チョウ

くん　まち

れんしゅう

ここからは じぶんで かこう！

田《た》より ながく ひいて はねる

ぶしゅ　田（たへん）

かくすう　7かく

なりたち

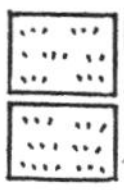

田《た》んぼ

＋

丁　まっすぐのびる意味《いみ》と音《おん》を表《あらわ》す

＝

町　田《た》をまっすぐ通《とお》るあぜ道《みち》

つかいかたを おぼえよう

①町《ちょう》ちょうに あう。

②大《おお》きな 町《まち》。

③町《まち》はずれに ある。

④みなと町《まち》へ いく。

天

おん　テン

くん　（あめ）・あま

ぶしゅ　大（だい）

かくすう　4かく

なりたち

人《ひと》が手足《てあし》を広《ひろ》げた上《うえ》に線《せん》を加《くわ》えて、「頭《あたま》の頂《いただき》」の意味《いみ》を表《あらわ》す。

つかいかたを おぼえよう

①天《てん》まで とどけ。

②天気《てんき》が わるい。

③たかい 天《てん》じょう。

④天《あま》の川《がわ》が 見《み》える。

れんしゅう

上《うえ》の よこぼうより みじかく

ここからは じぶんで かこう！

田

おん　デン

くん　た

ぶしゅ　田（た）

かくすう　5かく

なりたち

あぜ道《みち》で区切《くぎ》られた土地《とち》の形《かたち》

れんしゅう

やや　やや　下《した》すぼまりに

ここからは じぶんで かこう！

つかいかたを おぼえよう

① 水田《すいでん》の けしき。

② 田《た》んぼの いね。

③ 田《た》うえを てつだう。

④ 田《た》はたを たがやす。

土

おん　ド・ト

くん　つち

ぶしゅ　土（つち）

かくすう　3かく

なりたち

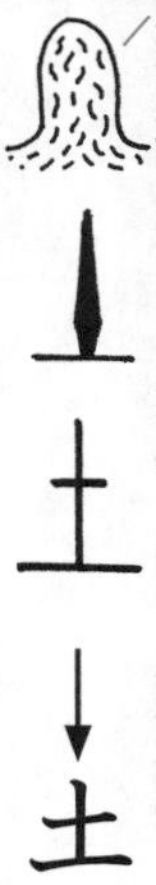

土《と》地《ち》の神《かみ》をまつるために盛《も》り上《あ》げた土柱《つちばしら》の形《かたち》

つかいかたをおぼえよう

① 土《と》ちを たがやす。

② 土《ど》よう日《び》

③ はたけの 土《つち》。

④ 土《つち》を ほる。

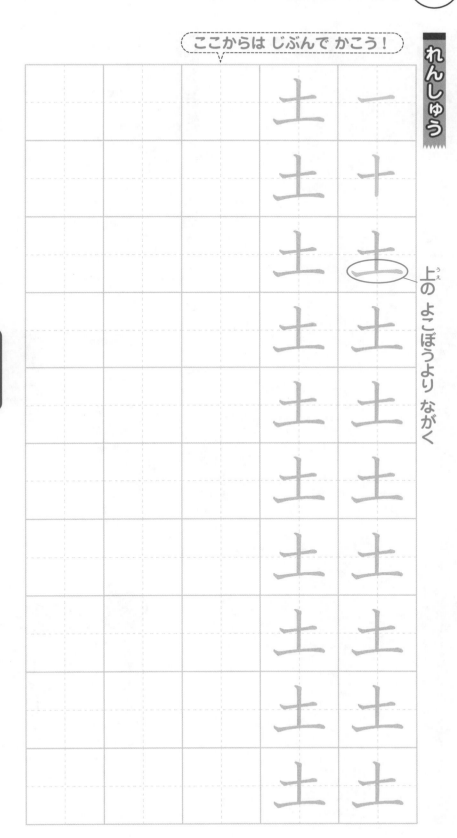

れんしゅう

上《うえ》の よこぼうより ながく

ここからは じぶんで かこう！

二

おん　二

くん　ふた・ふた-つ

ぶしゅ　二（に）

かくすう　2かく

なりたち

横線《よこせん》二本《にほん》で、「ふたつ」を表《あらわ》した字《じ》。

つかいかたを おぼえよう

①小《こ》さじ 二《に》はい。

②二《に》かいだての いえ。

③二《ふた》つの りんご。

④二《ふた》つで 百円《ひゃくえん》。

れんしゅう

上《うえ》の よこぼうより ながく

ここからは じぶんで かこう！

おくりがなの れんしゅう

二つ（ふた-つ）

日

おん　ニチ・ジツ

くん　ひ・か

ぶしゅ　日（ひ）

かくすう　4かく

なりたち　常《つね》にかがやく太陽《たいよう》の形《かたち》

↓

日

れんしゅう

おなじ かんかく

ここからは じぶんで かこう！

つかいかたを おぼえよう

①日《にち》よう日《び》

②ふりかえ休日《きゅうじつ》

③あさ日《ひ》が のぼる。

④二《に》はく三日《みっか》の たび。

ナ

入

おん　ニュウ

くん　い-る・い-れる・はい-る

ぶしゅ　入（いる）

かくすう　2かく

ちゅういてん
形《かたち》の似《に》た「人」に注意《ちゅうい》しよう。「入」は左向《ひだりむ》き、「人」は右向《みぎむ》き。

つかいかたをおぼえよう
①せん手《しゅ》入《にゅう》じょう。
②大《おお》きな入《い》れもの。
③みせの入《い》り口《ぐち》。
④きょうしつに入《はい》る。

れんしゅう

ここからは じぶんで かこう！

おさえて はらう

入 入 入 入 入 入 入 入 入 入 入 入 入 入 入 入 入 入 入 入

おくりがなのれんしゅう

（い-れる）入れる　入れる

（はい-る）入る　入る

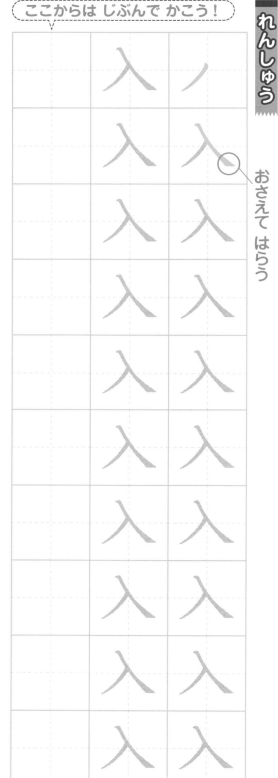

年

おん　ネン

くん　とし

ぶしゅ　干（かん・いちじゅう）

かくすう　6かく

なりたち

もとの字《じ》は「秊」。「禾（いね）」と、ふくらむ意味《いみ》と音《おん》を表《あらわ》す「人」で、稲《いね》の実《み》がふくらむ、「実《みの》り」を表《あらわ》し、稲《いね》が実《みの》る周期《しゅうき》、「とし」の意味《いみ》に用《もち》いる。

つかいかたを おぼえよう

①二年生《にねんせい》に なる。
②一《ひと》つ 年《とし》を とる。
③お年玉《としだま》を もらう。
④おない年《どし》の いとこ。

れんしゅう

上《うえ》の ┌ に くっつける

ここからは じぶんで かこう！

ナ

白

おん　ハク・（ビャク）

くん　しろ・しら・しろ-い

ぶしゅ　白（しろ）

かくすう　5かく

ちゅういてん
書《か》くときは、「ノ」の位置《いち》に注意《ちゅうい》しよう。

つかいかたを おぼえよう

①二《に》わの 白《はく》ちょう。
②白《しろ》い くつ下《した》。
③まっ白《しろ》な ゆき。
④白《しら》ゆきひめ

れんしゅう

ノの はしに つける

ここからは じぶんで かこう！

おくりがなの れんしゅう

白い（しろ-い）

八

おん　ハチ

くん　や・や-っ・やっ-つ・よう

ぶしゅ　八（はち）

かくすう　2かく

なりたち

背《そむ》き合《あ》う二《ふた》つの線《せん》で、わかれる意味《いみ》を表《あらわ》し、数《かず》の「八《はち》」の意味《いみ》に用《もち》いる。

つかいかたを おぼえよう

①八人《はちにん》 あつまる。

②八《やっ》つに わける。

③かぎが 八《やっ》つ。

④八月八日《はちがつようか》

れんしゅう

左《ひだり》より たかい いちから はじめる

ここからは じぶんで かこう！

おくりがなの れんしゅう

八つ（や-っ）

八つ（やっ-つ）

百

おん　ヒャク

くん　――

ぶしゅ　白（しろ）

かくすう　6かく

なりたち

一＋白（大《おお》きい／音《おん》を表《あらわ》す）＝百

れんしゅう

下《した》より　やや　ながめに

ここからは　じぶんで　かこう！

百　百　百　百　百　百　百　百　百　百

つかいかたを　おぼえよう

① 百《ひゃく》てん　まんてん。

② 百《ひゃく》まいの　かみ。

③ 百円《ひゃくえん》　はらう。

④ 百《ひゃっ》かてん

文

おん　ブン・モン

くん　（ふみ）

ぶしゅ　文（ぶん）

かくすう　4かく

なりたち

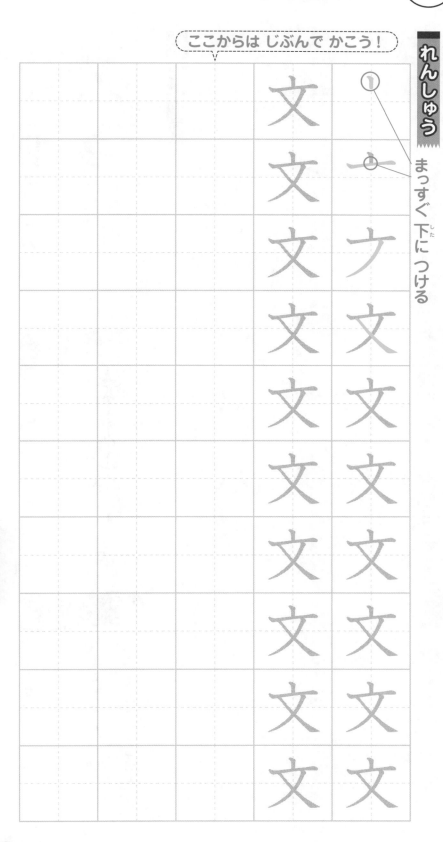

胸《むね》の前《まえ》で合《あ》わせたえりの形《かたち》

れんしゅう

まっすぐ下《した》に つける

ここからは じぶんで かこう！

つかいかたを おぼえよう

①れい文《ぶん》を まねる。
②文《ぶん》しょうを かく。
③どくしょかんそう文《ぶん》
④ちゅう文《もん》を する。

ハ

木

おん　ボク・モク

くん　き・こ

ぶしゅ　木（き）

かくすう　4かく

なりたち

れんしゅう

とめる

ここからは じぶんで かこう！

つかいかたを おぼえよう

①うら山《やま》の 大木《たいぼく》。

②木《もく》よう日《び》

③木《き》が そだつ。

④うえ木《き》ばちを わる。

本

おん　ホン

くん　もと

ぶしゅ　木（き）

かくすう　5かく

なりたち

木《き》の根《ね》もとのところへ横線《よこせん》をつけ、「もと」の意味《いみ》を表《あらわ》す。

つかいかたをおぼえよう

①え本《ほん》を よむ。
②見本《みほん》を まねる。
③本気《ほんき》で はしる。
④本《ほん》やさんに いく。

れんしゅう

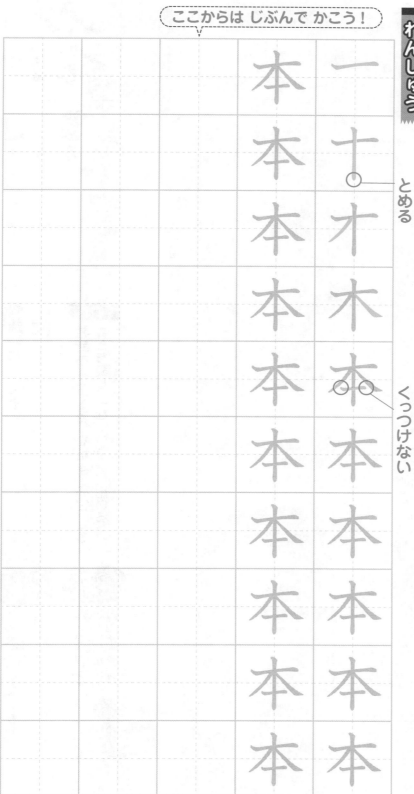

とめる

くっつけない

ここからは じぶんで かこう！

名

おん　メイ・ミョウ

くん　な

ぶしゅ　口（くち）

かくすう　6かく

いみ
名前《なまえ》を言《い》って自分《じぶん》を相手《あいて》に知《し》らせることを表《あらわ》し、「な」の意味《いみ》に用《もち》いる。

れんしゅう

出《だ》さない

ここからは じぶんで かこう！

つかいかたをおぼえよう

①本《ほん》の だい名《めい》。
②名字《みょうじ》を かく。
③ものの 名《な》まえ。
④むねの 名《な》ふだ。

目

おん　モク・（ボク）

くん　め・（ま）

ぶしゅ　目（め）

かくすう　5かく

なりたち

人《ひと》の目《め》の形《かたち》

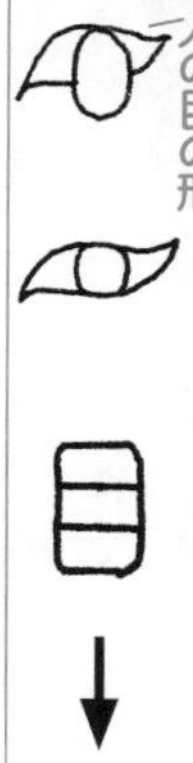

目

れんしゅう

おなじ かんかく

ここからは じぶんで かこう！

つかいかたを おぼえよう

①本《ほん》の 目《もく》じ。

②ちゅう目《もく》される。

③目《め》が さめる。

④クラスで 目立《めだ》つ。

マ

立

おん　リツ・(リュウ)

くん　た-つ・た-てる

ぶしゅ　立（たつ）

かくすう　5かく

なりたち

つかいかたを おぼえよう

①こく立《りつ》はくぶつかん

②きゅうに 立《た》ちどまる。

③立《た》てふだを 立《た》てる。

④はらが 立《た》つ。

れんしゅう

まっすぐ 下《した》に つける

ながく

ここからは じぶんで かこう！

おくりがなのれんしゅう

立つ（た-つ）

立てる（た-てる）

力

おん　リョク・リキ

くん　ちから

ぶしゅ　力（ちから）

かくすう　2かく

なりたち

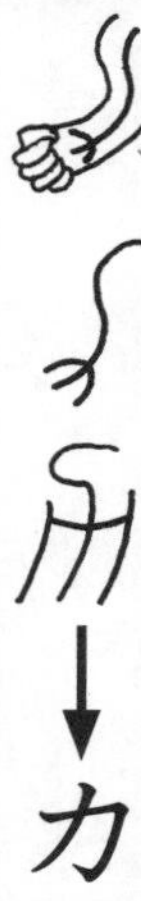

うでを曲《ま》げ、筋肉《きんにく》を盛《も》り上《あ》げて力《ちから》をこめる様子《ようす》

つかいかたを おぼえよう

①きょう力《りょく》して つくる。
②なつ休《やす》みの 力《りき》さく。
③力《ちから》が つよい 人《ひと》。
④力《ちから》しごとが とくい。

れんしゅう

はねる

かならず つき出《だ》す

ここからは じぶんで かこう！

林

おん　リン

くん　はやし

ぶしゅ　木（きへん）

かくすう　8かく

なりたち

木《き》を二《ふた》つ並《なら》べて、たくさんの木《き》が生《は》えている「はやし」の意味《いみ》を表《あらわ》す。

れんしゅう

とめる

みじかく とめる

とめる

ここからは じぶんで かこう！

つかいかたを おぼえよう

① ぼうふう林《りん》

② みつ林《りん》の たんけん。

③ 林《はやし》を さんぽする。

④ まつ林《ばやし》と すぎ林《ばやし》。

六

おん　ロク

くん　む・むつ・むっつ・むい

ぶしゅ　八（はち）

かくすう　4かく

なりたち

↓六

つかいかたをおぼえよう

① 六年生《ろくねんせい》
② 六《ろっ》この 石《いし》ころ。
③ 六《むっ》つの へや。
④ 六月《ろくがつ》六日《むいか》

れんしゅう

六 六 六 六 六 六 六 六 六 六

とめる

ここからは じぶんで かこう！

おくりがなのれんしゅう

六つ（むつ）　六つ

六つ（むっつ）　六つ

ならうかん字《じ》

出	糸	口	玉	火	一
女	字	校	金	花	右
小	耳	左	空	貝	雨
上	七	三	月	学	円
森	車	山	犬	気	王
人	手	子	見	九	音
水	十	四	五	休	下

1年《ねん》生《せい》で

力	百	土	男	川	正
林	文	二	竹	先	生
六	木	日	中	早	青
	本	入	虫	草	夕
	名	年	町	足	石
	目	白	天	村	赤
	立	八	田	大	千